Para Finn y Joss,
os quiero siempre y para siempre.
I. S.

Puedes consultar nuestro catálogo en www.picarona.net

Un caballero muy educado
Texto e ilustraciones: *Ian Smith*

1.ª edición: *marzo de 2026*

Título original: *The Very Polite Knight*

Traducción: *Júlia Gumà*
Maquetación: *El Taller del Llibre, S. L.*
Corrección: *Sara Moreno*

© 2024, Ian Smith
Libro publicado por acuerdo con Affirm Press,
empresa de Simon & Schuster (Australia)
Pty. Ltd., Victoria, Australia
(Reservados todos los derechos)

© 2026, Ediciones Obelisco, S. L.
www.edicionesobelisco.com
(Reservados los derechos para la lengua española)

Edita: Picarona, sello infantil de Ediciones Obelisco, S. L.
Collita, 23-25. Pol. Ind. Molí de la Bastida
08191 Rubí - Barcelona - España
Tel. 93 309 85 25
E-mail: picarona@picarona.net

ISBN: 978-84-9145-894-4
DL B 15249-2025

Printed in China

Un caballero muy educado

Ian Smith

El rey tenía cuatro caballeros leales:

Boris, el caballero feroz.

Ethel, la caballera dura.

Walter, el caballero astuto.

Y Finn, el caballero educado.

Cada mañana, Finn y su dragón Dogual se despertaban temprano y bajaban silenciosamente por las escaleras.

Pero cuando Boris se despertaba temprano, bajaba con estruendosos gritos de batalla.

—¡Los caballeros tienen que ser ruidosos y feroces! –proclamaba pisoteando el suelo.

A la hora del almuerzo, los caballeros comían sándwiches de queso y pepinillos.

Cuando Finn quería un sándwich más, se excusaba de la mesa para ir a buscarlo él mismo.

Pero cuando Ethel quería otro sándwich, blandía su espada y retaba al cocinero a un duelo si no se lo preparaba.

—Los caballeros deben ser espadachines astutos —decía Ethel con la boca llena de queso.

Cada tarde, todos disfrutaban de sus *hobbies* favoritos. Los de Finn eran la jardinería y el leer libros.

Cuando Finn quería pedir prestado un libro al Mago Sabio, se lo pedía diciendo «por favor». Después, lo agradecía diciendo «gracias».

Cuando Walter quería leer, robaba libros de la biblioteca del Mago Sabio.

—¡Un verdadero caballero puede tomar lo que quiera! –decía Walter, cogiendo alegremente montones de libros.

Un día, el rey enfermó de viruela púrpura.

—¡Sólo una flor mágica llamada Lumith, que crece en el Bosque Oscuro, puede curarlo! –dijo el Mago Sabio–. Alguien debe cruzar el Puente de la Perdición, escalar las Montañas Imposibles y adentrarse en el Bosque Oscuro para encontrar la flor.

—Mi grito de guerra ahuyentará a todos los que se interpongan en el camino de la flor –dijo Boris.

—Usaré mi espada para abrirme paso hasta la flor –dijo Ethel.

—¡Me colaré en el Bosque Oscuro y robaré la flor! –dijo Walter.

Los tres caballeros partieron inmediatamente.

Finn los vio alejarse.

—No me gusta asustar, pelear ni robar. Lo mejor
será que me quede aquí –le dijo a Dougal.

Pero los otros caballeros pronto regresaron derrotados.

—¡No pude pasar el Puente de la Perdición por culpa del trol! –se lamentó Boris.

—¡No pude vencer al gigante de dos cabezas en las Montañas Imposibles! –gritó Ethel.

—¡No pude arrebatarle la flor a la hidra en el Bosque Oscuro! –bramó Walter.

—¡Es imposible! —gritaron todos.

—¡Eres la última esperanza del rey! –le dijo el Mago Sabio a Finn.

—¡Cielos! –le susurró Finn a Dougal–. Si los otros caballeros no pudieron conseguir la flor, ¿qué esperanza tengo yo?

Pero Finn quería ayudar, así que se armó
de valor, tomó su cuento favorito y
preparó unos sándwiches de queso
y pepinillos.

Entonces Finn se puso en marcha con Dougal a su lado.

Finn llegó al Puente de la Perdición.
Lo cruzó tan silenciosamente como
pudo. Pero el puente crujía mucho
y el troll se despertó.

— ¡GRRRRRR!

–gritó el troll–.

¡Apuesto a que quieres
asustarme para que me aparte
y puedas cruzar el puente!
Estoy harto de que los
caballeros intenten asustarme.
¡Sólo quiero que me dejen
dormir en paz!

—No quiero asustarte –dijo Finn–.
Y siento haberte despertado. ¿Por qué
no te leo mi cuento favorito para
que puedas volver a dormirte?

—¡Qué buena idea! –exclamó el
troll–. Sí, por favor. Y si me
ayudas a dormir, podrás cruzar
el puente.

Al poco rato, el troll estaba roncando ruidosamente. Finn sonrió, guardó su libro y cruzó el puente sigilosamente.

Finn llegó a las Montañas Imposibles. Él y Dougal estaban casi en la cima cuando se encontraron con el gigante de dos cabezas. Con sus cuatro ojos, ¡el gigante los vio enseguida!

—¡Otro caballero que viene a luchar conmigo! –se quejó el gigante–. ¿No ves que estoy podando estos árboles?

—No he venido aquí para luchar –explicó Finn–. Puedo usar mi espada para ayudarte a podar estas ramas. Y después, ¿podrías mostrarme el camino al Bosque Oscuro?

—¡Sería maravilloso! –dijo el gigante.

Una vez podados los árboles, el gigante pidió a Finn y Dougal que se subieran a sus hombros. Juntos se dirigieron al Bosque Oscuro.

—Aquí es donde voy a dejaros –dijo el gigante cuando llegaron al Bosque Oscuro.

—Gracias –dijo Finn.

Miró hacia el bosque y tragó saliva.

—Estoy seguro de que la hidra será tan amable como el gigante y el troll. Pero el bosque es muy profundo y muy oscuro, y me preocupa que nunca encontremos una flor mágica Lumith.

Después de mucho tiempo buscando, Finn y Dougal se detuvieron a descansar sobre un tronco cubierto de musgo.

De repente, el tronco cobró vida.

¡Era la hidra! Se enroscó alrededor de Finn y Dougal.

—¡Qué suerte! ¡Parece que mi cena está aquí! –dijo con sus tres bocas.

—¡Oh, por favor, no nos comáis! –gritó Finn–. ¿Quizás os apetezcan mis sándwiches de queso y pepinillos?

—¡Su olor es delicioso! –dijo la hidra–. ¡Gracias!

—De nada –respondió Finn–. ¿Puedo llevarme una de tus preciosas flores Lumith a casa?

—Por supuesto que sí –aceptó la hidra–. Has sido muy amable conmigo y muy educado al pedirme la flor.

Finn se despidió con la mano
de la hidra y emprendió el
camino de vuelta a casa.

Por el camino, dejó un regalo
para su nuevo amigo, el gigante.

Luego, se deslizó con cuidado junto al troll dormido.

Y finalmente, Finn regresó al castillo, sintiéndose feliz y orgulloso.

—¡Eres un verdadero héroe! —le dijo el rey a
Finn después de que el Mago Sabio utilizara
la flor mágica Lumith para curarle de la
viruela púrpura.

—Pero ¿cómo conseguiste la flor?
No eres feroz –dijo Boris.

—Eres un pésimo espadachín
–añadió Ethel.

—Y tú nunca robarías nada
–siguió Walter.

—Fui educado –dijo Finn–. Eso es todo.

Los caballeros estaban impresionados con Finn.

—¿Podrías enseñarnos a ser más como tú? –pidieron–. **¿Por favor?**

Finn sonrió.

—Bueno, ya que lo pedís tan educadamente...